GUIDO SCHRÖTER

DUMM KICKT GUT!

EICHBORN

VOM AUTOR BEREITS ERSCHIENEN:

FUSSBALLGÖTTER 1998

DER KNIPSER VON ST. PAULI 1996

BLUTGRÄTSCHE 1995

VOLL DRAUF 1994

IM EICHBORN VERLAG

IM INTERNET:

WWW.GUIDOSCHROETER.DE

100 % WAHR-GESCHICHTEN BITTE AN:
WAHRHEIT@GUIDOSCHROETER.DE
ODER
GUIDO.SCHROETER@TOPMAIL.DE
ODER
SCHRÖTER, POSTFACH 80 09 23, 21009 HAMBURG

VIELEN DANK AN ELKE FÜR DIE UNTERSTÜTZUNG BEIM COLORIEREN UND BEI DER HOMEPAGE!!

UMSCHLAGGESTALTUNG: GUIDO SCHRÖTER
GESAMTHERSTELLUNG: FULDAER VERLAGSANSTALT, FULDA

ISBN 3-8218-3075-1

VERLAGSVERZEICHNIS SCHICKT GERN:
EICHBORN VERLAG
KAISERSTRASSE 66, 60329 FRANKFURT
HTTP://WWW.EICHBORN.DE

SCHLIMM!!
Blind ZEITUNG.
WIEDER SCHWERER STELLUNGSFEHLER VON OLLI KAHN!!
Mini-Boy
© SCHRÖTER 99

ZU HOCH
SO, MÄNNER! JETZT ERSTMAL VIERTELSTUNDE BALL HOCHHALTEN!
UÄÄÄÄÄH...
ABER TRAINER! WIR SIND NATIONALSPIELER!
DANN ZEIG ICH EUCH EBEN WIE DAS GEHT!
SCHROMPF
EIN GLÜCK!
©SCHRÖTER 94

DER SPRINTER
MARIO, ES HIESS, DASS DU DICH IN DER WINTERPAUSE RICHTIG FIT GEMACHT HAST. WIE KOMMT ES, DASS DU SCHON NACH DEM ZWEITEN SPRINT TOTAL INS SCHWITZEN UND VÖLLIG AUSSER ATEM GERÄTST?
WAS?
MARIO, WIE KOMMT ES, DASS DU SCHON NACH DEM ZWEITEN SPRINT TOTAL INS SCHWITZEN UND VÖLLIG AUSSER ATEM GERÄTST?
MENSCH, WALDI, ÜBERLEG' DOCH MAL!
BEIM ERSTEN SPRINT WAR ES EISIGKALTER FEBRUAR! UND JETZT BEIM ZWEITEN? BRUTTIG HEISSER AUGUST!!
©SCHRÖTER 99

PREISPOLITIK
MANN, IST DAS EIN WICHTIGES SPIEL HEUTE! ICH BIN TOTAL AUFGEREGT! UND DU?
ICH HAB' DURST!
HIER GIBT'S FRISCHES BIER! EINE DOSE DREI MARK! ZWEI DOSEN FÜNF MARK!
ICH NEHM' EINE DOSE!
ICH AUCH!
IHR KÖNNT AUCH ZWEI DOSEN FÜR FÜNF MARK HABEN!
WENN ICH ZWEI BIER WILL, DANN SACH ICH DIR DAS AUCH, ALTER!!
UND ICH WILL AUCH NUR EIN BIER, KLAR?!
ZISCH
SCHEISS KONSUM-GESELLSCHAFT!
KAPITALISTEN-SCHWEIN!
©SCHRÖDER 99

UNSER HEINTJE
AU! AU!
AUAAAA!
AUUUU!
SCHIR!!!! ! FOUL!
JAUL
BUHUU
ROTE KARTE
TUT SO WEH!
TJA, ANDI!
AN DIESEM FOUL MUSST DU NUN STERBEN...
ABER DAS WAR DOCH NUR 'NE SCHWALBE!!! (KREISCH!)
DAS IST MIR DOCH EGAL!
ABER, WENN EIN GROSSER FUSSBALL-SPIELER STIRBT,
ZIEHEN VOR SEINEM GEISTIGEN AUGE NOCH EINMAL ALL' SEINE WELTKLASSE-SPIELE AN IHM VORBEI....
MOMENT, BITTE! DA MÖCHTE ICH'S MIR WENIGSTENS GEMÜTLICH MACHEN...
KANN LOSGEHEN...
CHIPS
SCHON VORBEI!
©SCHRÖTER 98

HALBZEITGELABER
WARTE, KÜRTEN! ICH WEISS NOCH'N ANDY-MÖLLER-WITZ!
PASS AUF: ANDY HATTE SEX MIT SEINER FRAU. DANACH FRAGT ER SIE: „SCHATZILEIN, WÜRDEST DU NICHT GERN WISSEN, WIE ES IST WIE EIN MANN ZU SEIN??" DARAUF SIE: „NEIN, ICH NICHT. UND DU?"
HA HA HA HA HA HA HA HA HA HA HA HA HA HA HA HA HA HA HA HA
HAHA, KALLI. HÖR' DIR ERSTMAL DEN AN!
WANN IST ANDI MÖLLER EINE MARK WERT?
KEINE AHNUNG!
WENN ER EINEN EINKAUFSWAGEN DURCH DEN SUPERMARKT SCHIESST!
HA HA HA HA HA HA HA HA HA HA HA HA

HA HA HA HA HA HA HA HA HA HA HA HA HA HA HA HA
ICH WEISS NOCH EINEN!
KENNST DU DENN UNTERSCHIED ZWISCHEN ANDY MÖLLER UND EINER FLASCHE BIER?
NE!
MEEENSCH, KÜRTEN! BEIDE SIND VOM HALS AN AUFWÄRTS LEER!!
HA HA HA HA HA HA HA HA HA HA HA HA HA
TOTAAL LEER
ICH FASS ES NICH!
KÜRTEN! FELDKAMP! IHR SEID AUF SENDUNG, IHR NASEN!! LOS! HALBZEITKOMMENTAR!
ZU EURER INFORMATION: ES STEHT NULL ZU NULL!!
TJA ... ÄH ... ALSO ... DAS SPIEL STEHT AUF MESSERS SCHNEIDE. ICH SAG' MAL: WER DAS NÄCHSTE TOR SCHIESST ...
FÜHRT EINS ZU NULL!
©SCHRÖTER 99

DOSENWITZ 14
BIER !!
SACHMA, IST DA ALKOHOL DRIN ??
ER-BIER !!
GLEICH NICH MEHR !!
BECHER-BIER !!
KEIN DOSEN-BIER!
NUR (!) BECHER !!
NIX DOSEN
ICH SAG NEIN ZU DOSEN!
FÜNF DOSEN BIER, BITTE!
KEIN BIER IN DOSEN!
NIE.
HIER GIBT'S NUR BIER IN BECHERN!
R-BIER
NO TINS
ABER MEIN ARZT HAT GESAGT, ICH SOLL BIER NUR IN KLEINEN DOSEN TRINKEN!
DOSENBIER GIBT'S HIER NICHT!
HIER GAB'S NOCH NIE DOSENBIER.
R-BIER.
ALLES NUR IN BECHERN
NIX IN DOSEN
DOSEN-BIER IS NICH !!
DOSENFREIE BIERZONE
HA HA HA HA HA HA HA HA HA HA HA HA HA HA
BUMMER BUMMER BUMMER
HER-BIER!
BIER HIER!
ABER NUR IN BECHERN!
NULL DOSEN-BIER
HIER HERRSCHT DOSENBIERVERBOT!
HER-BIER!
KEIN VER-DAMMTES DOSENBIER!
ALLE SORTEN BECHER
NA GUT, DANN NEHM' ICH VIER DOSEN !!
NEIN!
NIRGENDS DOSEN!
HA HA HA HA HA HA HA HA HA HA
BAMM BAMM
BAMM
HA
IST DER DOSENWITZ VORBEI?
CHER-BIER
JA!
WAS SOLLS! HIER HASTE 'NE DOSE!
KEIN BIER IN DOSEN!
NIX DOSEN
© SCHRÖTER 99

PRALLE KONTEN
FRÜHSTÜCK BEI EFFENBERGS
DAS GIBT'S DOCH GAR NICHT...
HIHI, DIESER DONALD! CRAZY TYP!
HÖRMA, STEFAN! MICHAEL SCHUMACHER VERDIENT 38 MILLIONEN DOLLAR PRO JAHR!
38 MILLIONEN DOLLAR!!
KRATZ KRATZ
ICH HÖR'NE STIMME! KOMISCH!
TIGER WOODS: 26,8 MILLIONEN DOLLAR! SHAQUILLE O'NEAL: 26,2 MILLIONEN DOLLAR! OSCAR DE LA HOYA: 18,9 MILLIONEN DOLLAR! ANDRE AGASSI: 15,9 MILLIONEN DOLLAR! GREG NORMAN: 15,4 MILLIONEN DOLLAR! SHAWN KEMP: 15,3 MILLIONEN DOLLAR!
NA, ERSTMAL 'N SCHLUCK KAFFEE!
CAL RIPKEN JR.: 13,5 MIO DOLLAR! JACQUES VILLENEUVE: 13 MIO DOLLAR! MIKA HÄKKINEN: 12,2 MIO DOLLAR! MANNMANNMANNMANN!
?
ALSO, DEINEN NÄCHSTEN VERTRAG SCHLIESSEN WIR AUCH IN DOLLAR AB! DAS IST MAL KLAR!!
©SCHRÖTER 99

NEUER BESEN
IN MEMORIAM OPILIO
ALS HERR RANGNICK ZUM ERSTENMAL DIE PROFIS VOM VFB STUTTGART TRAINIEREN MUSSTE...
HEE, WAS IST DAS DENN? WIESO HABT IHR DEN ALLE KOPFHÖRER AUF? HÄH?!
WAS WILL DER TYP?!
WAS? SPRICH LAUTER!
IHR NEHMT SOFORT DIESE KOPFHÖRER AB!!!
ABER
ABER WIR KÖNNEN DIE KOPFHÖRER NICHT ABNEHMEN. ECHT NICHT!
OHNE WALKMAN GEHT NICHT!
RUNTER DAMIT! WER DIE DINGER NICHT ABNIMMT WIRD ENTLASSEN!
PLOPP PLOPP
UIUIUIUIUI
WAS IST DENN NUN LOS?! DIE FALLEN JA ALLE UM!
WAS HÖRN DIE DA BLOSS?
ZUCK
ERST DER LINKE FUSS, DANN DER RECHTE FUSS! DANN LINKS UND WIEDER RECHTS! JETZT LINKER FUSS, NUN WIEDER RECHTS. LINKS UND RECHTS! LINKER FUSS, RECHTER FUSS!
LINKER FUSS VOR DEN RECHTEN UND NUN DEN RE VOR DEN LINKEN! UND WIEDER DEN RE
©SCHRÖTER 99

HINTERFRAGT
WÄHREND EINER VERLETZUNGSPAUSE HATTEN DIDI HAMANN UND JÖRG HEINRICH ENDLICH MAL ZEIT NACHZUDENKEN...
DU, DIDI? WARUM HEISST DER BALL EIGENTLICH BALL?
NAJA...
ER IST RUND WIE EIN BALL...
ER WIEGT SOVIEL WIE EIN BALL...
ER SPRINGT WIE EIN BALL...
POPP
WIESO SOLLTE ER ALSO NICHT BALL HEISSEN?!
©SCHRÖTER 99

PRIVATJET
SEIT EINIGEN WOCHEN FAND SICH LARS RICKEN IMMER HÄUFIGER AUF DER HARTEN ERSATZBANK WIEDER ...
GRUMMELGRUMMEL GRUMMEL
BVB
ALSO GING ER, WIE ALLGEMEIN ÜBLICH, ZU SEINEM FINDIGEN SPIELERBERATER.
DAS GEHT SO NICHT WEITER! ICH BRAUCH 'NEN NEUEN VEREIN! ABER NUR'N SPITZENCLUB, IS JA WOHL KLAR!!
NA SICHER, LARS! PASS AUF! EUROPÄISCHER SPITZENCLUB! CHAMPIONSLEAGUE!
ACHTZEHN MILLIONEN IN ZWEI JAHREN, NETTO! DREI SPORTWAGEN, VILLA MIT MEERESBLICK!
AUSWÄRTS NUR IM PRIVATJET, STAMMPLATZGARANTIE, FREIE TRAINERWAHL, KEIN PFLICHTTRAINING, AUFLAUFPRÄMIE!
PRIVATJET?
EIN EIGENER KOCH MACHT ZWEIMAL AM TAG WARMES ESSEN, DIE UMKLEIDE IST MIT WATTE AUSGELEGT, PERSÖNLICHER PUDERZUCKER-IN-ARSCH-BLÄSER, EISCREME OHNE ENDE.
WAHNSINN!
SACH MAL! WILLST DU MICH VERARSCHEN??
NA, WER HAT DENN DAMIT ANGEFANGEN?!
© SCHRÖTER 99

VOLLTREFFER (TEIL 1)
ICH GLAUB', ER IST TOT, MARIO !!
WIESO?! DER KOTZT DOCH NOCH !?
© SCHRÖTER 99

VOLLTREFFER (DER TRAGÖDIE ZWEITER TEIL)
DAS IST DOCH GARANTIERT WIEDER MÖLLER! DIESES WEICHEI! SCHAUSPIELER!!!
DAS KANN MAN NOCH NICHT SO GENAU SAGEN. MARIO HAT IHN VOLL IM GESICHT GETROFFEN!
ACH, QUATSCH!
DEM ERZÄHL ICH WAS!
HEULSUSE!!
STEH AUF, DU FLASCHE!! DU SIMULIERST HIER NICHT!! NICHT MIT MIR!!
FIEP! FIIIEP! FIIIEP!
FIIIEP! FIEP! FIIIEP!
SCHEISSE! DAS IST JA DER SCHIEDSRICHTER!
UND DIE PFEIFE HAT ER AUCH NOCH VERSCHLUCKT!
FIIIEP! FIIIEP!
FIIIEP! FIIIEP! FIIIEP!!
NEEE, DER HAT NIX VERSCHLUCKT!
DAS IST DOCH MARKUS MERK.
©SCHRÖTER 99

LEBENSENTSCHEIDUNGEN
HEUTE: SAMSTAGS
MEINE FREUNDIN HAT GESAGT, WENN ICH MORGEN WIEDER MIT ZUM AUSWÄRTSSPIEL FAHRE, VERLÄSST SIE MICH!
FC ST. PAULI
BOBIC AUF MÖLLER
DAS IST JA SCHEISSE!
MÖLLER AUF RICKEN
STIMMT! SIE WIRD MIR FEHLEN.
UND RICKEN AUF BOBIC
© SCHRÖTER 99

100% WAHR
WEM IST MAL WAS LUSTIGES RUND UM DEN FUSSBALL PASSIERT? SCHREIBT AN: 100%-WAHR-SCHRÖTER, PSTF. 800923, 21009 HAMBURG O. guido.schroeter@topmail.de
AU, MANN! HOFFENTLICH RUFT SIE AN!!
RRRRRRING!!
WAAAH!!
HALLO, HIER IST TOSCHI VON UNHALTBAR! BIS MORGEN IST DER COMIC FERTIG, SONST BIST DU ERLEDIGT!!
NAJA. INZWISCHEN IST UNHALTBAR ERLEDIGT...
WAU
VON JAN E. AUS UHLENHORST.
ALSO DAMALS IN ROSTOCK! DAS WAR ECHT DIE HÄRTE!
'NE HALBE STUNDE LANG FLOGEN FAUSTGROSSE STEINE IN UNSEREN BLOCK. UND HINTERHER IN DIE BUSSE! VOLL BRUTAL WAR DAS!
NAJA! ALS WIR DAMALS IM UEFA-CUP BEIM AS ROM GESPIELT HABEN, WURDEN WIR MIT WAGENHEBERN BEWORFEN...
WAU!
CLUB
1.FCN
©SCHRÖTER 98
DAS TOBLERONESPIEL
VON TIMO R. AUS ITZEHOE
EIN SUPERGEILES AUSWÄRTSZUGFAHRT-SPIEL: DAS TOBLERONE-SPIEL. ALLES, WAS MAN BRAUCHT IST EINE RIESEN-TOBLERONE-PACKUNG, EINEN WÜRFEL UND EIN ABTEIL MIT SECHS IDIOTEN! DANN WIRD GEWÜRFELT. UND JEDER DER 'NE SECHS WÜRFELT...
DARF MIT DER RIESEN-TOBLERONE EINEM MITSPIELER SEINER WAHL...
EINS ÜBER DIE RÜBE ZIEHEN!!
TOBLERONE
JAAAAA
JIPPIIIIEH
JUHUUU
SUPER
YES
JAAAA
MIR
MIR
FREU
JUBEL
JUBEL
MIR AUCH
HA
©SCHRÖTER 98

AB SEPTEMBER GIBT'S MEIN NEUES BUCH! „DUMM KICKT GUT!" ! EICHBORN VERLAG! MEIN RAT: KAUFEN!!

INTERMEZZO
FOLGENDE GESCHICHTE SPIELTE SICH WIRKLICH WÄHREND EINER PRODUKTIONS-HOCHPHASE AB...
DRINGELING!
KACKE!
GMATSCH
GMATSCH
GMATSCH
DER ANRUF KAM VON JAN, TIM UND PADDEL, DIE UNBEDINGT NOCH KURZ EIN BIER TRINKEN MUSSTEN...
NEE, KEINE ZEIT, MUSS ZEICHNEN, NEENEEE, GEHT NICHT, WIRKLICH...
DA WIR GARANTIERT „AUCH" ÜBER FUSSBALL REDEN WÜRDEN, VERSICHERTEN DIE DREI MIR, DASS UNS BEIM BIER SO NEBENBEI SCHON IRGENDWAS EINFALLEN WÜRDE...
NEIN, BUCH MUSS FERTIG, ECHT, NULL ZEIT, AUF KEINEN FALL, TERMINDRUCK, NA GUT, BIS GLEICH.
NACHDEM JEDER FÜNF BIER GETRUNKEN UND GENUG BLÖDSINN GEREDET HATTE, WAR UNS NEBENBEI IMMER NOCH NICHTS FÜR MEIN BUCH EINGEFALLEN. TOLL!
HE, IHR PENNER! WOLLTET IHR MIR HIER NICHT WAS LUSTIGES FÜR'N COMIC LIEFERN?!
MACH DOCH DIE E-MAIL VON LIPO AN DEN KICKER WEGEN TONI POLSTER!
ICH WEISS NUR 'NE FICK-GESCHICHTE!
NA, SUUUPER...
ERFINDE DOCH EINFACH 'NE GESCHICHTE!
©SCHRÖTER 99

LINIENRICHTERMEISTER
WORUM ES LINIENRICHTERN WIRKLICH GEHT.
KOMM, BOBIC! LOS! NUR NOCH ZWEI SCHRITTE! JAAH! GEH! MACH SCHON, BOBIC! JAAHAHAHAAAAH! EIN SCHRITT NOCH!
SAU!
JAAHAA! GEIIIIL! ABSEITS!
ER PFEIFT NICHT! OH NEIN! SCHEISSE! PFEIFE!
ABSEITS! BITTE! LOS!
NUN PFEIF ENDLICH ABSEITS, HEYNEMANN!
KÖNNT IHR OSSIS DENN GAR NIX!?
AAAB-SEITS, DU NULL!
ABSEITS-PFEIF!!
AAAH! GEHT DOCH!
MACH ICH IHN FERTIG ODER BLEIB ICH DEZENT?
ACH, WAS SOLL'S?!
ZWÖLF ZU DREI, DU FLASCHE!! HAHAA! DAS HOLST DU NIIIIE MEHR AUF! DU LINIENLUSCHE!!
ARSCHLOCH!
©SCHRÖTER 99

EIGENTOR
DER ÜBERST
UPS!
UPS!
JAPS!
PAFF
SACHMAL, MÖLLER! BIST DU VÖLLIG BESCHEUERT?! WIESO HAUST DU UNS DEN BALL IN DER ERSTEN MINUTE INS EIGENE TOR???
BONG
BONG
BONG
WIESO ICH?!
DU HAST DOCH BEI DER SEITENWAHL DIESE SEITE GEWÄHLT! HÄTTEST DU DAS NICHT FALSCH GEMACHT, WÄRE DAS TOR AUF DER RICHTIGEN SEITE GEFALLEN! DU VOLLTROTTEL!!
IMMER IST DER ANDY MÖLLER SCHULD! IM-MER! DIESES WEICHEI!!
DASS REUTER BEI DER SEITENWAHL PATZTE, INTERESSIERT WIEDER KEINE SAU! HAUPTSACHE MÖLLER EINE REINWÜRGEN!
DA STECKT DOCH WIEDER NETZER DAHINTER! WO STECKT DER MISTKERL!
DIESE FLASCHE MIT NUR 13 LÄNDERSPIELEN ODER SO!
ICH HAB' SCHON ÜBER 80!!
UNTERDESSEN IM ARD-STUDIO BEI DEPP-DELLING UND NÖRGEL-NETZER...
NA, GÜNTHER. WAS SAGEN SIE DAZU? SPIELABBRUCH, WEIL ANDY MÖLLER ALLE SPIELER AUF DEM FELD PLUS SCHIEDSRICHTER VERPRÜGELT HAT! IM MOMENT SCHLÄGT ER SICH GERADE DURCH DEN GÄSTEBLOCK DER GEGENTRIBÜNE...
GLEICH HAT ER SICH BIS ZU DEN SPRECHERKABINEN DURCHGEBOXT!
1 SPORTSCHAU
ICH HAB' IMMER GESAGT, DASS ANDREAS MÖLLER EIN RIESEN FUSSBALLER IST, WAS ER GERADE HEUTE UNTER BEWEIS GESTELLT HAT! ABER DER FIESE COMICZEICHNER SITZT GLEICH NEBENAN...
JETZT IST ER ZUR COMICZEICHNER-KABINE ABGEBOGEN...
SCHRÖT

DIE KÜR
SO! WIR SEHEN NUN ULF KIRSTEN, BAYER LEVERKUSEN AUF DEM RASEN. ER BEGINNT SEINE KÜR MIT DEM OBLIGATORISCHEN TOR! UND IN DEN WINKEL! SEHR SCHÖNE ERÖFFNUNG SEINER NEUEN KÜR!
KLOPP
SOUVERÄN MEISTERT ER DIE ERSTE SCHWIERIGKEIT, DEN GROSSEN SPUCKER AUF DEN RASEN. SICHER.
ROTZ
UND GLEICH DARAUF DER DREIFACHE FÄUSTE-BALLER! DA SIND SCHON VIELE BEI GESTÜRZT, ABER KIRSTEN STEHT DIESEN DREIFACHEN BRAVOURÖS!
UND GLEICH IM ANSCHLUSS DER VIERFACHE ARM-DURCHSTRECKER?! JA!! GESCHAFFT! SUPER, ULF!!
DREI!
VIER!
UND JETZT EIN GANZ LANGER ANLAUF!!
UND DA IST ER: DER EINHÄNDIGE NASENROTZER! EINMALIG! ULF KIRSTEN IST IN TOPFORM!
KEINE STREUUNG! KEINE FÄDEN! SAUBER ABGEKNIFFEN!
SCHROMPF
UND ZUM ABSCHLUSS DER KÜR NOCH EINE GANZ NEUARTIGE SCHWIERIGKEIT! SENSATIONELL! ER PINKELT SEINEN NAMEN IN DEN MITTELKREIS. WAS FÜR EIN BESONDERES ENDE FÜR DIE WOHL BESTE KÜR, DIE EIN ULF KIRSTEN JE LIEF...
KIRSTEN
KLÖTER
JA, JA, DAS WAR ZU ERWARTEN. DIE PUNKTRICHTER SIND BEGEISTERT!
HÖCHSTWERTUNGEN!
6,0 6,0 6,0 6,0
JA GUT! HEUTE LIEF ALLES PERFEKT! ICH FREUE MICH WAHNSINNIG, DASS ES MIT MEINER EM-QUALIFIKATION JETZT NOCH GEKLAPPT HAT!!
RTL
© SCHRÖTER 99

STÜRMERFRAGE
MENSCH, ULF! MEINST DU, DASS ES DA DRAUSSEN AUCH ABSEITS GIBT?
MIR DOCH EGAL.
©SCHRÖTER 99

LIEBLINGSSPIELER
DA! HAMANN! DER ZUCKT SCHON WIEDER GANZ KOMISCH
ZUCK
ZONI
BUÄH! JÖRG HEINRICH! NOCH WEICHEIIGER ALS ANDY MÖLLER!
ZONI
AH! OLIVER NEUVILLE! MEIN LIEBLINGSNATIONAL-SPIELER.
ZONI
KRIEGT KEINEN DEUTSCHEN SATZ RAUS, IS ABER IN DER NATIONALMANNSCHAFT!
SPIELT ABER 'NEN GUTEN FUSSBALL!
BIER
GENAU WIE ANDY BREHME!!
BIER
HEH HEH HEH HEH HEH HEH HEH HEH HEH
©SCHRÖTER 99

ÖLÄF MORSCHALL FUSSBÄLLGÖTT
MENSCH, OLAF!
WIE MACHST DU DAS BLOSS ?! DU STEHST DIE GANZE ZEIT NUR RUM ...
... UND KRIEGST DAFÜR AUCH NOCH GUTE KRITIKEN! ICH DAGEGEN RENNE UND RACKER MIR'NEN WOLF.
ABER ÜBER MICH MECKERN ALLE NUR! ALLE!!
OLÄF!
ÖLLI! ICH RICHDE MICH DÖH GÄNS NACH NEM ALDN SÄGGSISCHN SPRICHWÖRD ...
WA?
DER, DER HAT'N GUDN VERTROHCH, MUSS NUR LAUFEN, WENN ER MOHCH.
UND WAS IST MIT DEM GUTEN ALTEN SPRICHWORT „OHNE FLEISS KEIN PREIS ?!"
KNIRSCH
DAOCHT NIX!
©SCHRÖTER 99

KLEINER GEIST
IGITT!
?
HEI OTTO!
ALTES HAUS!!
WABER
HÜÜÜAAAAH!
MANN! HÖR AUF! ICH BIN EIN FLASCHENGEIST! UND DU HAST JETZT EINEN WUNSCH FREI!
DEPP!
!
WABER
DANN HÄTT ICH GERN FÜR MICH UND MEINE FRAU EIN SCHLOSS MIT VIER TÜRMEN, BURGGRABEN, POOL, 24 SCHLAFZIMMERN, UND AUSREICHEND SCHLOSSPERSONAL!
OH, DAS GEHT NICHT! ZU SCHWIERIG. ICH BIN JA NOCH EIN ZIEMLICH KLEINER FLASCHENGEIST...
FLASCHE.
WÜNSCH DIR WAS LEICHTERES.
DANN WÜNSCH ICH MIR, DASS BAYERN NICHT MEISTER WIRD!!
OKAY, OKAY! WIEVIEL TÜRME SOLL DAS SCHLOSS HABEN?
WABER
©SCHRÖTER 99

NEUE TAKTIK
UND DIE HÜTCHEN SCHÖN IM KREIS AUFSTELLEN, ULI!!
1A KANAREN-BRÄUNE
BALL UFF BUMBE, HÜTSCHE UFFSTELLE, BALL UFF BUMBE, HÜTSCHE UFFSTELLE, BALL UFF BUMBE, HÜTSCHE UFFSTELLE,
SO, ALS ERSTES MUSS ICH DEN FÜHRUNGSSPIELERN MEINE TAKTIK-IDEEN ERKLÄREN!
HEY, LOTHAR! ICH STELL MIR DAS MIT VIERERKETTE UND SCHNELLEM KURZPASS-SPIEL VOR!
HÄHÄ, NEEE ERICH, LASSMA!
LIEBER MIT LIBERO UND MIT LANGE BÄLLE!
MARIO! ÜBER AUSSEN JETZT BITTE BIS ZUR GRUNDLINIE LAUFEN UND DANN IN DEN RÜCKEN DER ABWEHR FLANKEN!
HA, HA, HA, NEE NEE LIEBER WEICHE FLANKEN AUS'M MITTELFELD...
HA HA HA
ÄÄÄH, EFFE?!
LASS' MICH BLOSS IN RUHE, DU ARSCH!!!
HIHI, BIS ZUR GRUNDLINIE! HAST DU DAS GEHÖRT? HIHIHI...
7 BASLER
OLLI!!!...
OLLI! PASS AUF! DU HAUST EINFACH JEDEN BALL REIN!!
JA! SUPER! KLASSE IDEE, TRAINER! BOMBENTAKTIK!
GEHT DOCH!
NUCK NUCK NUCK NUCK
© SCHRÖTER 98

OHRENSAUSEN
DU OLLI, ICH HAB MIT DEM DOC ÜBER MEIN OHREN-SAUSEN GESPROCHEN. UND...
WAS IS
TÜÜÜÜÜÜÜÜÜ
TÜÜÜÜÜÜT
© SCHRÖTER 99

GELB FÜR EFFE
SAGEN SIE MAL, HERR EFFENBERG! WAR DAS NUR EIN SPASS??
NEIN!
DAS WAR MEIN VOLLER ERNST!!!
DA HABEN SIE ABER GLÜCK GEHABT! SOLCHE SPÄSSE MAG ICH NÄMLICH NICHT!
©SCHRÖTER 98

HALBVOLL
NA, SCHOWANNI ?!
ALLES KLAA ANNER KOHBAKOHBAHNAH?
STUPS STUPS STUPS
HÄH?
HEI, HASSAN SALIMHADSCH, SAHIMLA ... ÄÄÄH ... SALIMHAMTSCHI ... SALI ... ÄH ...
EGAAAL.
BASLER!! WARUM ERSCHEINST DU HIER HALB BETRUNKEN ZUM TRAINING??
NA, ICH HADDE KEINE KOHLE MEHR!
© SCHRÖTER 99

FINALTAG
RESTLOS AUSVERKAUFT!
Suche Karte für das Finale! Dringend!
HE, DU!
WER? ICH?!
GENAAAAU!
Bitte, bitte eine Karte für's Endspiel!
HAST DU INTERESSE AN EINEM VIP-LOGEN-PLATZ FÜR'S ENDSPIEL? ÜBERDACHT, BEHEIZT, MIT FREI-COCKTAILS UND HÄPPCHEN?
VIP-LOGE? ÜBERDACHT? BEHEIZT? COCKTAILS?
GENAAAAU!
FÜR DREISSIG MARK KANNST DU IHN HABEN!
NUR DREISSIG MARK?!?
PSCHSCHSCHSCHT
GENAAAAU!
ICH NEHM' DEN PLATZ! ICH NEHM' DEN PLATZ! ICH NEHM' DEN PLATZ! ICH-NEH-ME-IHN!!!
OKAY! DANN KOMM 'NE HALBE STUNDE VOR'M ANPFIFF ZUM ALTEN STADION-HINTEREINGANG!
MACH ICH! ALLES KLAR! TSCHÜHÜSS! BIS NACHHEER!

GENAU EINE HALBE STUNDE VOR'M ANPFIFF BEIM ALTEN STADION-HINTEREINGANG...
ES IST AUCH SCHON GANZ SCHÖN DUNKEL
UPS
KASKE
AC/DC
KLOPS
ÄCHZ...
SAG MAL! GIBT'S IN DIESER LOGE AUCH BIER?
WEISS NICH...
LETZTES JAHR GAB'S KEINS!
© SCHRÖTER 99

IDEE
KONDITIONSTRAINING MIT ONKEL ULI...
HECHEL
HECHEL
HECHEL
HECHEL
HECHEL
HECHEL
HECHEL
?
STAPF
STAPF
STAPF
STAPF
BIERHOFF!! SOFORT HIERHER!!!
OLLI! DU LIEST DOCH GERADE SO EIN PHILOSOPHIE-BUCH, ODER?
SAG MIR DOCH MAL, WAS DER PHILOSOPH AN SICH SO UNTER EINER IDEE VERSTEHT?
PLATON SAGT: „IDEEN SIND DIE UNVERÄNDERBAREN URBILDER DER UNVOLLKOMMENEN IRDISCHEN DINGE ALS IHRE NACHBILDER." SO!
DANN LAUF GEFÄLLIGST EINE IDEE SCHNELLER!!
©SCHRÖTER 99

LÖWEN
TOOOOOOR
UMPF
JAHAA
KNICKS
GNUPP
HÄHÄ
URPS
© SCHRÖTER 93

EBBE
NEULICH IM GELDSPEICHER...
..EINES SEHR BETUCHTEN ZWEITLIGA-PRÄSIDENTEN
HW
AHRENS! WO IST AHRENS??
AHRENS! MEIN STEUERBERATER! DER GELDPEGEL IST GESUNKEN!! ICH HAB'S GENAU GESEHEN!!! WAS IST PASSIERT?! LOS! REDE, SCHURKE!!
STAND DOCH IN DER ZEITUNG! DER VEREIN HAT 3,8 MIO MIESE GEMACHT! EIGENTLICH NOCH MEHR! DAS GELD MUSS JA IRGENDWO HERKOMMEN, NICHT WAHR?! TJA.
OOOH, AHRENS! ICH FÜHL MICH SO UNGLAUBLICH SCHWER! ICH GLAUB', ICH MUSS MAL WIEDER NACH SPANIEN! AUSSPANNEN! 'NE RUNDE MINI-POLO SPIELEN... POPPENHUSTEN... ROMMÉ...
FENCHELTEE.
GUTE IDEE! DIE PROFIMANNSCHAFT MÖCHTE SIE ZUM FLUGHAFEN BRINGEN. ALS KLEINE GESTE DER DANKBARKEIT!
EINE STUNDE SPÄTER...
DANKE JUNGS, SEHR FREUNDLICH.
GANZ SCHÖN SCHÄBIGE TRAININGSANZÜGE FÜR 3,8 MIO MIESE...
©SCHRÖTER 98

DURCHBLICK
SEX-SHOP
ERICH!
EEEERICH!
ERICH!!
DER OBDIGGER ISCH HIER DRÜBBE, ERICH.
OPTIKER
OPTIKER INH. WINTER
SO, HERR RIBBECK. MIT DIESER BRILLE KÖNNEN SIE DIE SPIELE IHRER NATIONALMANNSCHAFT GANZ GENAU SEHEN.
SUPER!
WINTER
1 TAG SPÄTER:
WINTER
1 WOCHE SPÄTER:
1 WOCHE UND 1 TAG SPÄTER:
VERGISS ES, ALTER!
©SCHRÖTER 99

DER KAISER
„DIE SCHWEDEN SIND KEINE HOLLÄNDER – DAS HAT MAN GENAU GESEHEN."
ANDY MÖLLER
„MAILAND ODER MADRID?! HAUPTSACHE ITALIEN!"
ICKE
„ICH BIN KÖRPERLICH UND PHYSISCH TOPFIT!"
DAUM
„MIR EGAL, OB ES EIN BRASILIANER, POLE, KROATE, NORDDEUTSCHER ODER SÜDDEUTSCHER IST. DIE LEISTUNG ENTSCHEIDET UND NICHT IRGENDEINE BLUTGRUPPE."
100% WAHR

OTTO REHHAGEL
„MAL VERLIERT MAN, UND MAL GEWINNEN DIE ANDEREN."
BERTI VOGTS
„HASS GEHÖRT NICHT INS STADION. SOLCHE GEFÜHLE SOLL MAN GEMEINSAM MIT SEINER FRAU DAHEIM IM WOHNZIMMER AUSLEBEN!"
LODDAMADDÄUS
REGGODNÄSCHINÄLPLÄIÄ
„ICH HAB' KEINE PROBLEME MIT WERNER LORANT MAL EIN BIER ZU TRINKEN. ODER AUCH MAL EIN KAUGUMMI ZU KAUEN!"
RAINER CALMUND
„WENN MICHAEL SCHUMACHER BEI JEDEM KONTINENTWECHSEL SO UNKONZENTRIERT ARBEITEN WÜRDE WIE UNSERE NATIONALSPIELER, WÄRE ER LÄNGST TOT."
100% WAHR

NEUE WEGE
WIE BEI ANDEREN VEREINEN AUCH, WERDEN BEIM FC ST. PAULI GERNE LEITENDE ANGESTELLTE ENTLASSEN. DOCH IRGENDWANN MUSS MAL SCHLUSS SEIN. ES MUSS NACH NEUEN LÖSUNGEN GESUCHT WERDEN. WIE IMMER IST BEI DIESEM CLUB ALLES ANDERS...
HERZLICH WILLKOMMEN, SEIEN SIE GEGRÜSST, HALLI HALLO, SEHR VEREHRTE DAMEN UND HERREN, LIEBE NEGER. AHOI, IHR JOURNALISTEN. ICH BEGRÜSSE SIE ZUR PRESSEKONFERENZ. WIEDER MAL. NEISS TO MIET JU, PIEPL...
SCHEISSTYPEN...
FICKEN
TRAINER 7
TRAINER 9
VIZE
MANAGER 3
PRESIDENTE
ABFINDUNG 17
AUFSICHTSRAT
RÜCK MAL ZUR SEITE, SCHNURZELPURZEL, MEIN TAUBENSCHNÜTCHEN!
WIE MIR MEIN STETS GUT INFORMIERTER AUFSCHICHTS- ÄÄÄH AUFSICHTSRAT HEUTE MORGEN MITGETEILT HAT, IST DIE STIMMUNG UNTER DEN ST. PAULI-FANS SEIT
GERAUMER ZEIT SEHR, SEHR MÄSSIG, WENN NICHT SOGAR LAU! DAS IST NATÜRLICH EIN ZUSTAND, DER FÜR DEN VEREIN TOTAL UNTRAGBAR IST!
SEBIGBOSS
ABFINDUNG 18
AUFSICHTSRAT
AUFSICHTSRAT
ROTE SOCKE
AUFSICHTSR
DIE VEREINSFÜHRUNG IST SOMIT IN ÜBEREINSTIMMUNG MIT DEM AUFSICHTSRAT ZU DEM ENTSCHLUSS GEKOMMEN, SÄMTLICHE FANS MIT SOFORTIGER WIRKUNG ZU **ENTLASSEN!**
3 PUNKTE
TOLL!!! 3 HALBE HÄHNCHEN FÜR NUR DM 9,99 !!! UND NUR IN GÜTERSLOH!!!
3 ROSEN, 3 BOUNTY, 3 SPIEGELEIER, AUF 3 BAUERNFRÜHSTÜCK, 3x 0,33 PILS, 3 ZWEIEN IM DATUM, 3x3 POSTKARTEN, 3x3 KAFFEE, 3 STD. FAHRT, 3-BEINE-VASE, 3 IDIOTEN, 3x BEI JAN ANGERUFEN
UND HIER NOCH'N PAAR GUTGEMEINTE TIPS VOM CHEF: „1. ESST MEHR OBST! 2. LIEBER LESEN ALS COMPUTERSPIELE! 3. LERNT FÜR'S LEBEN" WAS SOLL DENN DIE KACKE? AHA! HIER: „34. KAUFT MEIN BUCH: **FUSSBALLGÖTTER!** 35. LEST KEINE FREMDEN FUSSBALLCOMICS! 36. KAUFT LIEBER NOCH EINS VON MIR! 37. VERSCHENKT: **FUSSBALLGÖTTER!** AB MITTE MÄRZ TOTAL AUSVERKAUFT! LOS!
DALAI LAMA
MANAGER 2
VIZE
JUPP DERWALL
TRAINER 2
REN HOEK
GÜNTER JAUCH
TRÄNE 5000
EL LUTE
ANDY ZENKER
WEG
AUCH WEG!!
© SCHRÖTER 98

GLAUBE, LIEBE, HOFFNUNG
DU TRÄGST SEIT JAHREN BEI JEDEM HEIMSPIEL DIESELBEN KLAMOTTEN. JACKE, PULLI, HOSE, MÜTZE. DIESELBEN STIEFEL UND BESTIMMT AUCH DIESELBEN UNTERHOSEN. (WÜRG).
BRABBEL
BRABBEL
BRABBEL
BRABBEL
BRABBEL
BRABBEL
BRABBEL
BRABBEL
BRABBEL
GIB'S ZU! DU GLAUBST WIRKLICH, DASS DU DAMIT DEN SPIELVERLAUF BEEINFLUSST!!
BRABBEL
BRABBEL
BRABBEL
NEEEE...
LALL
ABER SICHER BIN ICH MIR DA NICHT!!
BRABBEL
BRABBEL
BRABBEL
BRABBEL
BRABBEL
BRABBEL
BRABBEL
BRABBEL
BRABBEL
SCHNIEF
BRABBEL
PAULI
©SCHRÖTER 99

TONIS TRICK
TRAINER, GUCKEN SIE SICH DAS AN!
WIE KONNTE DER SO VIELE LÄNDERSPIELE MACHEN?!
WIE KONNTEN WIR DEN NUR HOLEN?!
WIE KONNTE DER LETZTE SAISON 13 TORE SCHIESSEN?!
TRAINER!?
TONI POLSTER HAT EINEN GROSSEN VORTEIL!
UND DER MACHT ES SEINEN GEGENSPIELERN VERDAMMT SCHWER!!
FLUB
ER IST ZU LANGSAM FÜR DAS MENSCHLICHE AUGE!!
©SCHRÖTER 98

DIDAKTIK
MAN MAG OB ERICH RIBBECKS TRAININGSMETHODEN GETEILTER MEINUNG SEIN. **FAKT IST:** OLIVER BIERHOFF IST SEIT DIESER MASSNAHME DEUTLICH SELTENER INS ABSEITS GE-LAUFEN ALS FRÜHER...
Ich darf nicht ins Abseits laufen. Ich darf nicht ins Abseits laufen. Ich darf nicht ins Abseits laufen. Ich darf nicht ins Abseits lauf darf nicht ins Abs Ich darf
DREIUNDZWANZIG. VIERUNDZWANZIG. FÜNFUNDZWANZIG. UND ABSETZEN.
©SCHRÖTER 99

FRAUENFUSSBALL
JÖRG WONTORRA MUSS EINEN BERICHT ÜBER DAS FRAUEN-LÄNDERSPIEL GEGEN ITALIEN MACHEN.
HEHE
ran
NACH DEM ABPFIFF WOLLTE ER NATÜRLICH RAN AN DIE BESTE SPIELERIN.
ran
DARF ICH IHNEN EIN PAAR FRAGEN ZUM SPIEL STELLEN? WIE BEURTEILEN SIE IHRE LEISTUNG? WAS WAREN IHRE GEFÜHLE BEI DEM ELFMETER? WAS SAGEN SIE ZU DEN ITALIENERINNEN? WIE IST DAS SPIEL ÜBERHAUPT AUSGEGANGEN?
ran
ÄÄÄH, NA GUT. GUT. GUT. CIAO. NULLNULL.
SoSo.
ran
UND.. ÄÄÄH... HÄTTEN SIE NICHT LUST... ÄÄÄH... ICH MEIN, NACHHER ... ÄH... WAS MACHEN SIE DENN NACH DEM SPIEL?
ran
ICH GEH' JETZT ZUM DOPING-TEST!
DA KOMM ICH MIT!!
ran

ER GEHT TATSÄCHLICH MIT...
KLÖTER KLÖTER
OH, BITTE LASS MICH DOCH REIN! ICH STEH SO AUF DOPING-TESTS!!
TAST
TAST
TAST GRABBEL
LECHZ! SABBER!
REIß REIß
BIST DU EIGENTLICH GEDOPT?
JA, KLAR!
GAAHEIIIL
SCHUFFEL SCHUFFEL
ICH SPIEL SCHLIESSLICH IN DER DEUTSCHEN **FRAUEN**-NATIONALMANNSCHAFT! DA GEHT DAS NICHT OHNE DOPING! WIR SIND HIER JA NICHT BEI DEN MÄNNERN!
NE GEDOPTE! SCHARF!
STOSS
ABER DIE VERTUSCHEN DAS HIER SCHON
HAT DAS DOPING EIGENTLICH IRGENDWELCHE NEBENWIRKUNGEN?
KLAR!
ICH HAB GANZ VIEL HAARE AUF DER BRUST BEKOMMEN. UND ES WERDEN IMMER MEHR!
KLACK
GANZ SCHÖN VIEL HAARE, FÜR 'NE FRAU. WIE WEIT WACHSEN SIE DENN?
BIS ZUM SACK!
©SCHRÖTER 99

PROMIS UNTER SICH
IN DER BAYERN VIP-LOGE (STAHLBETON)...
VERONA! VERZEIH MIR! ICH PIMPER AUCH NIE WIEDER MIT DEM THOMAS! UND NADDEL AUCH NICH, ALDE.
DU... ÄÄH... FRAHAANZ? DER BASLER IST JA ÜBERHAUPT NICHT FIT! DER LÄUFT JA KEIN STÜCK. DER IST WOHL NUR NOCH WAS FÜR RUHENDE SITUATIONEN...
VIP
FAMILIE BECKER
BASLER IST DIE RUHENDE SITUATION!
NA, GUT! ICH AUCH NICHT!
BOHLEN
VIP
FAMILIE BECKER
©SCHRÖTER 99

WIRBELWIND
BEI ST. PAULI GIBT'S SO EINEN KLEINEN TÜRKEN, DER SPIELT GANZE MANNSCHAFTEN SCHWINDELIG! EIN DRIBBELWUNDER! ENERGIEBÜNDEL! SCHALTEN WIR UNS DOCH IN DIE DSF-LIVE-ÜBERTRAGUNG EIN:
...UND PAULI HAT DEN ANGRIFF ABGEFANGEN. TORHÜTER WEHLMANN (FUSSBALLGOTT - D.Z.) GIBT DEN BALL ZU CEM KARACA (HOSENTASCHEN-PIZZA - D.Z.)...
CEM
DER KLEINE KARACA SCHNAPPT SICH DEN BALL UND SCHON HAT ER EBERHARD CARL AUSGESPIELT...
TICKELTACKEL
TICKELTACKEL
GIN
JETZT LÄSST ER AUCH NOCH MALCHOW UND KEVRIC AUSSTEIGEN...
DROP
DRIP
GIN
DER TYP IST JA UNGLAUBLICH!!
DA LÄSST ER MINKWITZ, WÜLLBIER, STROGIES UND DARKO RAMOVS (DEN GROSSEN DARKO RAMOVS? - D.Z.) WIE SLALOMSTANGEN STEHEN!
SCHUPS
ZICK
ZACK
SAUS
HUI
WAHNSINN! KARACA IST NICHT ZU STOPPEN!! VORBEI AN TONI SAILER, CHATZIS UND MARELL! SO EIN QUIRLIGES KERLCHEN...
TAPPATAPPATAPPA TAPPATAPPA
UND NOCHMAL AN TONI SAILER VORBEI! (NUR SO, WEIL ER MAL BEI UNS WAR - D.Z.). ER TUNNELT IHN SOGAR! WELCH EIN SOLO!! SENSATIONELL...
TAPPATAPPATAPPA
UND DA STEHT ER WIEDER VOR CARSTEN WEHLMANN. JETZT NUR KEIN RÜCKPASS
©SCHRÖTER 99

GEIZIG
FOLGENDES GESPRÄCH FÜHRTE JAN AUS U. MIT ERNST, DEM WIRT VOM KAMIN. UND ICH GLAUBE, ERNST HAT IHN GANZ SCHÖN VERARSCHT....
100 % WAHR
guido.schroeter@topmail.de
BIER 2,50
Dirty Harry 3DM
KAFFE! 2,-
JAN WAR NATÜRLICH WIEDER TOTAL VOLL!
ERNSS, ALDES HAUS! DU MACHSAS MIT DEIN' BREISSN VÖLLICH FALSCH. SO KISSTUNIIIE TRINGGGELD! DU MUSST ZWEINU - „RÜLPS" - ZWEI-NEUNSSICH NEHM!! GLAUB DAS...
RÄLPS
BIER 2,50
Harry 3DM
DAS HAB'ICH MEINEM CHEF AUCH SCHON GESAGT!!
ABER DER MACHT DAS NICHT!
BIER 2,50
DER IST SOOO GEIZIG!!
©SCHRÖTER 98

UMGEKNICKT
NEULICH HATTE ICH BEIM ZEICHNEN EINEN KLEINEN UNFALL! NICHTS SCHLIMMES WIE ES ZUNÄCHST SCHIEN...
KRACH
ICH NAHM DIE SYMPTOME NICHT ERNST, BIS MICH EIN ZEICHNERKOLLEGE VOR SCHLIMMEN FOLGEN EINER TÜCKISCHEN COMICZEICHNERVERLETZUNG WARNTE!
NIE MEHR PROFI-COMICS!
KARRIERE-AUS!
INVALIDITÄTS-ANTRAG!
AB ZUM ARZT, KERNSPINTOMOGRAPHIE, ATHROSKOPIE, RÖNTGEN, WURZELBEHANDLUNG UND SCHLIESSLICH HIRNSPIEGELUNG!
RRRRRRR
UND DANN WURDE AUS EINER BÖSEN VORAHNUNG SCHLIMME GEWISSHEIT!!
TJA, HERR SCHRÖTER! DOPPELTER HIRNRISS IN BEIDEN HIRNHÄLFTEN! DA IST ALLES DURCH! AUSSENHIRN, INNENHIRN! TOTALSCHADEN, HÄHÄ! OH, WAS SEH ICH DA?! PATELLAHIRN IST AUCH GERISSEN, HOHOHOOO MANNMANNMANN UND SIE HABEN DEN COMIC NOCH ZU ENDE GEZEICHNE ? UNGLAU
DIAGNOSE
ZEICHNEN IS ERSTMAL NICH! UND OB DAS AUSSENHIRN JE WIEDER WIRD...